Crescita personale

Migliora te stesso e

la tua vita

Sommario

Jane Casati

Jane Casati

INTRODUZIONE:

" La mente come alleato nella Crescita personale"

Immagina la tua mente come un giardino. Ogni pensiero che coltivi è un seme che può crescere in qualcosa di bello e rigoglioso o, al contrario, in un'erbaccia che soffoca le tue potenzialità. **La chiave** per trasformare il tuo giardino mentale è **prendere coscienza** dei pensieri che scegli di nutrire. Non è sempre facile, ma è un viaggio che vale la pena intraprendere.Quando ero più giovane, mi trovavo spesso intrappolata in un ciclo di pensieri negativi. Mi sentivo come se fossi bloccata in un labirinto senza uscita. Ma un giorno, una semplice conversazione mi ha aperto gli occhi: un amico mi ha detto che la mente può essere il nostro più grande alleato, se solo impariamo a **guidarla** nella giusta direzione.

Da quel momento, ho iniziato a vedere la mia mente come un compagno di viaggio, non come un nemico. Ho imparato a riconoscere i pensieri autolimitanti e a sostituirli con affermazioni positive. Questo ha richiesto pratica e pazienza, ma i risultati sono stati straordinari. Ho scoperto che, cambiando il mio dialogo interiore, potevo cambiare la mia realtà esterna.

Ricorda, la tua mente è uno strumento potente. **Usala con saggezza** e vedrai come può diventare il tuo migliore alleato nel cammino verso una vita più serena e realizzata.

Capitolo 1:

Come i pensieri modellano la tua realtà;

Immagina di svegliarti ogni giorno con la sensazione di avere il **potere** di trasformare la tua vita. Questo è il viaggio che vogliamo intraprendere insieme. La mente è come un giardino:

ciò che pianti e coltivi determina il tuo raccolto. Se semini pensieri di **dubbio** e **paura**, raccoglierai incertezza e stress. Ma se nutri la tua mente con idee di **fiducia** e **positività**, vedrai crescere un senso di **autostima** e **serenità**.

Inizia con piccoli passi. Ogni giorno, dedica un momento per riflettere su un pensiero positivo. Potrebbe essere un ricordo felice o un piccolo successo. Lascia che questo pensiero diventi il tuo **ancoraggio** nei momenti di difficoltà. Quando la vita sembra sopraffarti, torna a quel pensiero e lascialo guidarti verso una **mentalità di crescita**.

Ricorda, non sei solo in questo viaggio. Insieme, esploreremo strategie pratiche per superare le sfide, costruendo un futuro più luminoso.

Immagina di essere un artista con una tela bianca davanti a te. Ogni giorno, ogni pensiero è come un colpo di pennello che contribuisce a creare l'immagine della tua vita. I nostri pensieri sono potenti strumenti che **modellano la nostra realtà**, influenzando il modo in cui percepiamo il mondo e le esperienze che viviamo.

Spesso sottovalutiamo l'impatto che i nostri pensieri possono avere sul nostro benessere e sul nostro successo. È facile lasciarsi trasportare da una corrente di pensieri negativi, specialmente quando ci troviamo di fronte a sfide o difficoltà. Ma è proprio in questi momenti che diventa cruciale **prendere il controllo** della nostra mente e dirigere i nostri pensieri verso un percorso più positivo e costruttivo.

Consideriamo, ad esempio, una situazione comune: il timore di fallire. Questo pensiero può diventare un ostacolo paralizzante, impedendoci di agire e di cogliere opportunità. Tuttavia, se riusciamo a trasformare questo pensiero in un'opportunità di apprendimento, possiamo vedere il fallimento non come una fine, ma come un passo verso la crescita. Questo semplice cambiamento di prospettiva può **trasformare la nostra esperienza** e aprirci nuove possibilità.

Un altro aspetto fondamentale è la consapevolezza di sé. Spesso, i pensieri negativi nascono da convinzioni autolimitanti che abbiamo sviluppato nel tempo. Queste convinzioni possono derivare da esperienze passate, influenze esterne o anche da un dialogo interiore critico. È importante **identificare** e mettere in discussione queste convinzioni, chiedendoci se sono realmente vere o se sono semplicemente percezioni distorte.

Un esercizio utile è quello di tenere un diario dei pensieri. Scrivere i nostri pensieri ci aiuta a prendere coscienza dei modelli di pensiero ricorrenti e a **valutare** se ci stanno aiutando o ostacolando. Questo processo di riflessione può portare a una maggiore chiarezza mentale e a una maggiore capacità di dirigere i nostri pensieri verso obiettivi positivi.

Non dobbiamo dimenticare che i pensieri non sono isolati; essi influenzano le nostre emozioni e il nostro comportamento. Un pensiero negativo può portare a emozioni di ansia o tristezza, che a loro volta possono influenzare il modo in cui ci comportiamo. Al contrario, un pensiero positivo può generare emozioni di gioia e motivazione, spingendoci ad agire in modo proattivo.

Per coltivare una mentalità positiva, è utile circondarsi di influenze positive. Questo può includere la lettura di libri ispiratori, la pratica della **gratitudine** quotidiana o il trascorrere del tempo con persone che ci sostengono e ci incoraggiano. Queste pratiche possono rafforzare la nostra capacità di mantenere una prospettiva positiva anche nei momenti difficili.

Infine, è importante ricordare che la trasformazione dei pensieri richiede tempo e pratica. Non si tratta di un cambiamento immediato, ma di un processo continuo di crescita personale. Con il tempo, imparerai a riconoscere i pensieri che ti limitano e a sostituirli con pensieri che ti potenziano. Questo ti permetterà di vivere una vita più soddisfacente e di raggiungere i tuoi obiettivi con maggiore fiducia e determinazione. In conclusione, i nostri pensieri sono la chiave per **modellare la nostra realtà**. Prendendo il controllo dei nostri pensieri, possiamo trasformare la nostra vita, migliorando il nostro benessere mentale, le nostre relazioni e il nostro successo personale. Ricorda, ogni pensiero è un'opportunità per dipingere il quadro della tua vita con colori di speranza e possibilità.

1.1-L'influenza dei pensieri sul comportamento

Hai mai riflettuto su quanto i tuoi pensieri influenzino il tuo comportamento quotidiano? Immagina la tua mente come un giardino. I pensieri sono i semi che pianti. Se nutri pensieri positivi e costruttivi, il tuo giardino fiorirà con colori vivaci e profumi inebrianti. Al contrario, se lasci che i pensieri negativi prendano il sopravvento, il tuo giardino sarà invaso dalle erbacce, soffocando la crescita di qualsiasi cosa bella e positiva.

Spesso sottovalutiamo il **potere dei nostri pensieri**, dimenticando che sono il motore delle nostre azioni e delle nostre emozioni. Un pensiero negativo può trasformarsi in un comportamento autodistruttivo. Ad esempio, se continui a dirti che non sei abbastanza bravo, potresti cominciare a evitare situazioni che richiedono di mettere alla prova le tue capacità. Questo atteggiamento non solo limita le tue opportunità, ma rafforza anche la convinzione che non sei all'altezza.

Al contrario, coltivare pensieri positivi può trasformare radicalmente il tuo atteggiamento verso la vita. Quando credi in te stesso, sei più propenso a correre rischi, a cercare nuove esperienze e a intraprendere azioni che ti avvicinano ai tuoi obiettivi. Questo non significa ignorare i problemi o vivere in una bolla di ottimismo irrealistico, ma piuttosto adottare una **mentalità di crescita** che ti permetta di vedere le sfide come opportunità di apprendimento.

Un modo efficace per trasformare i pensieri negativi in positivi è praticare la **consapevolezza**. Prenditi del tempo ogni giorno per riflettere sui tuoi pensieri e riconoscere quelli che non ti servono. Quando noti un pensiero negativo, chiediti: "Questo pensiero è basato su fatti o su supposizioni?" Spesso, scoprirai che molti pensieri negativi sono solo il risultato di paure infondate o di esperienze passate che non riflettono la realtà attuale.

Un altro strumento potente è la **visualizzazione**. Visualizza te stesso mentre affronti una situazione con successo. Immagina ogni dettaglio: come ti senti, cosa dici, come reagiscono gli altri. Questa pratica non solo ti preparerà mentalmente, ma ti darà anche la fiducia necessaria per affrontare la situazione nella realtà.

Ricorda, il **cambiamento inizia con la consapevolezza**. Quando diventi consapevole dei tuoi pensieri e del loro impatto sul tuo comportamento, hai il potere di cambiarli. Non è un processo immediato, ma con pratica e perseveranza, puoi trasformare il tuo giardino mentale in un luogo di bellezza e crescita.

Infine, circondati di persone che supportano il tuo percorso di crescita. Le relazioni positive possono fungere da specchio, riflettendo il meglio di te e incoraggiandoti a continuare a migliorare. Quando condividi i tuoi pensieri e le tue esperienze con persone fidate, non solo rafforzi le tue convinzioni positive, ma crei anche una rete di supporto che ti aiuta a rimanere motivato nei momenti di difficoltà.

Inizia oggi stesso a coltivare pensieri che ti elevano e osserva come il tuo comportamento e la tua vita iniziano a cambiare. Ricorda, sei il giardiniere del tuo destino: scegli con cura i semi che pianti e osserva come il tuo mondo fiorisce.

1.2-Riconoscere i modelli mentali limitanti

Immagina di avere un paio di occhiali che indossi da così tanto tempo da non accorgerti più di averli addosso. Questi occhiali sono i tuoi modelli mentali, le lenti attraverso cui interpreti il mondo. A volte, però, le lenti possono essere sporche o distorte, limitando la tua visione e la tua capacità di agire. Riconoscere questi modelli è il primo passo verso una trasformazione personale.

Molti di noi si trovano intrappolati in schemi di pensiero che ci dicono che non siamo abbastanza bravi, che il successo è riservato ad altri o che non meritiamo la felicità. Questi pensieri limitanti spesso nascono da esperienze passate, commenti di altri o insuccessi che abbiamo vissuto. È importante ricordare che questi pensieri non sono la **realtà**, ma piuttosto una **narrazione** che ci raccontiamo.

Per cominciare a riconoscere questi modelli, prova a osservare le tue reazioni automatiche. Quando qualcosa va storto, ti dici che è colpa tua? Quando ricevi un complimento, lo minimizzi pensando che non sia meritato? Questi sono segnali di un modello mentale limitante. Prenditi un momento per riflettere su queste reazioni e chiediti da dove provengono.

Un modo efficace per affrontare questi schemi è tenerne traccia. Scrivi i tuoi pensieri ricorrenti e cerca di identificare i **pattern** che emergono. Potresti scoprire che molti dei tuoi pensieri limitanti si ripetono in diverse aree della tua vita. Una volta identificati, sfida questi pensieri chiedendoti: "È davvero vero?" o "Cosa direi a un amico che si sente in questo modo?".

Un altro strumento potente è la **visualizzazione**. Immagina di affrontare una situazione con un nuovo modello di pensiero, più positivo e costruttivo. Come cambierebbero le tue azioni? Come ti sentiresti? Questa pratica non solo ti aiuta a immaginare un nuovo modo di essere, ma inizia a costruire nuove connessioni nel tuo cervello, preparando il terreno per un cambiamento reale.

Ricorda, la trasformazione non avviene dall'oggi al domani. È un processo che richiede **consapevolezza** e **pratica**. Ogni volta che riconosci un pensiero limitante e scegli di affrontarlo, stai facendo un passo verso la tua crescita personale. Non sei solo in questo viaggio; molti hanno percorso questa strada prima di te e hanno trovato una nuova libertà nella loro vita.

Infine, sii **gentile** con te stesso. Cambiare i modelli mentali è una sfida, ma è anche un'opportunità per scoprire una versione di te stesso più autentica e appagante. Con il tempo, vedrai che le lenti attraverso cui guardi il mondo diventeranno più chiare, permettendoti di vedere nuove possibilità e di abbracciare il tuo pieno potenziale.

1.3-Trasformare i pensieri negativi in positivi

Immagina di camminare lungo un sentiero tranquillo, circondato dalla natura. A un certo punto, incontri un bivio: uno dei percorsi sembra essere avvolto da una nebbia densa, mentre l'altro è illuminato dal sole. Questo bivio rappresenta i tuoi pensieri: il sentiero nebbioso simboleggia i **pensieri negativi**, mentre quello illuminato rappresenta i **pensieri positivi**. La scelta di quale strada percorrere è sempre nelle tue mani.

Spesso, i pensieri negativi si insinuano nella nostra mente senza preavviso, come nuvole che oscurano un cielo sereno. Possono derivare da esperienze passate, paure o insicurezze. Ma la buona notizia è che possiamo allenarci a riconoscerli e a trasformarli. Il primo passo è **diventare consapevoli** di questi pensieri. Quando noti un pensiero negativo, fermati un momento e chiediti: "Questo pensiero mi sta aiutando o mi sta ostacolando?"

Una volta riconosciuto il pensiero negativo, è importante **interrogarsi sulla sua veridicità**. Spesso, i pensieri negativi sono esagerazioni o distorsioni della realtà. Chiediti: "Quali prove ho che questo pensiero sia vero?" Oppure: "Ci sono altre prospettive che non sto considerando?" Questo ti aiuterà a mettere in discussione l'autorità di quei pensieri e a ridurre il loro impatto su di te.

Un'altra tecnica potente è quella di **riformulare il pensiero**. Ad esempio, se ti trovi a pensare "Non sono abbastanza bravo", prova a trasformarlo in "Sto facendo del mio meglio e sto imparando ogni giorno". Questa semplice riformulazione può cambiare radicalmente il tuo stato d'animo, trasformando un ostacolo in un'opportunità di crescita.

Inoltre, coltivare la gratitudine può essere un antidoto efficace contro i pensieri negativi. Ogni giorno, dedica qualche minuto a riflettere su **cosa ti rende grato**. Questo può aiutarti a spostare il focus dai problemi alle soluzioni, rendendo più facile vedere il lato positivo delle situazioni.

Infine, ricorda che i pensieri sono solo pensieri, non sono la realtà. Hai il potere di scegliere a quali pensieri dare attenzione e quali lasciare andare. Con il tempo e la pratica, diventerai più abile nel dirigere la tua mente verso pensieri che ti supportano e ti rafforzano.

Trasformare i pensieri negativi in positivi è un processo continuo, simile a coltivare un giardino. Richiede cura, pazienza e attenzione. Ma con ogni pensiero positivo che coltivi, stai costruendo un ambiente mentale più sereno e fertile per la tua crescita personale. E ricorda, ogni passo che fai lungo il sentiero illuminato è un passo verso una versione migliore di te stesso.

CAPITOLO 2: Costruire una Mentalità Vincente

Immagina di trovarti in cima a una montagna, il vento che ti accarezza il viso e una vista mozzafiato davanti a te. Questo è il potere di una **mentalità vincente**: ti permette di vedere oltre gli ostacoli, trasformando le sfide in opportunità. La nostra mente è un **alleato potente**, capace di spingerci oltre i limiti che spesso ci imponiamo. Per costruire una mentalità vincente, dobbiamo prima riconoscere e affrontare le nostre **convinzioni autolimitanti**. Spesso, è la paura di fallire che ci trattiene, ma cosa succederebbe se vedessimo il fallimento come un **passo essenziale** verso il successo? La chiave è coltivare una **mentalità di crescita**, che ci incoraggia a imparare da ogni esperienza. Ricorda, ogni passo avanti, per quanto piccolo, è un trionfo. Con determinazione e consapevolezza, possiamo trasformare i nostri pensieri in azioni che ci avvicinano ai nostri obiettivi di vita.

2.1-La mentalità di crescita vs. la mentalità fissa

Immagina di trovarti di fronte a un bivio mentale. Da una parte, c'è la **mentalità fissa**, che ti sussurra che le tue capacità sono immutabili, che sei nato con un certo livello di intelligenza, talento e abilità, e che nulla può cambiare questo. Dall'altra parte, c'è la **mentalità di crescita**, che ti invita a vedere ogni sfida come un'opportunità per imparare e crescere. Quale strada scegli?

La **mentalità fissa** è come un muro invisibile che costruisci intorno a te stesso. Quando incontri un ostacolo, il pensiero dominante è "Non posso farlo". Questo tipo di mentalità è spesso alimentato dalla paura del fallimento e dal desiderio di evitare il giudizio degli altri. Se credi che le tue capacità siano statiche, ogni errore diventa una minaccia alla tua identità. Ti senti bloccato, intrappolato in un ciclo di dubbi e insicurezze.

Al contrario, la **mentalità di crescita** ti offre una prospettiva liberatoria. Invece di vedere gli errori come fallimenti, li consideri come esperienze di apprendimento. Ogni sfida è un'opportunità per migliorare e sviluppare nuove competenze. Questa mentalità ti incoraggia a perseverare, a sperimentare e a non temere il cambiamento. È come avere un amico fidato che ti sussurra: "Puoi farcela, continua a provare".

Per coltivare una **mentalità di crescita**, è importante iniziare a **riconoscere i propri pensieri limitanti**. Quando ti trovi a pensare "Non sono bravo in questo", prova a trasformare quel pensiero in "Non sono ancora bravo in questo, ma posso migliorare con la pratica". Questo semplice cambiamento di prospettiva può avere un impatto significativo sul tuo approccio alla vita.

Un altro passo fondamentale è **abbracciare le sfide**. Invece di evitarle, affrontale con curiosità. Chiediti: "Cosa posso imparare da questa esperienza?" Anche se non riesci subito, ricorda che ogni tentativo ti avvicina di un passo al tuo obiettivo. La resilienza si costruisce attraverso la pratica e l'esposizione continua a situazioni che mettono alla prova le tue capacità.

Infine, **cerca il feedback**. Le critiche costruttive sono preziose per la crescita personale. Invece di prenderle sul personale, usale come strumenti per migliorare. Chiedi consiglio a persone di cui ti fidi e sii aperto a nuove idee e prospettive. Ricorda che il successo non è un traguardo fisso, ma un viaggio continuo di apprendimento e miglioramento.

Adottare una **mentalità di crescita** non significa che non incontrerai mai difficoltà o insuccessi. Significa, piuttosto, che sarai meglio equipaggiato per affrontarli. Con il tempo, scoprirai che la tua capacità di apprendere e adattarti è molto più grande di quanto avessi mai immaginato. E questo, caro lettore, è il primo passo verso una vita più appagante e di successo.

2.2-Differenze tra chi vede le sfide come opportunità e chi le evita.

Immagina di trovarti di fronte a una sfida: un progetto lavorativo impegnativo, una nuova relazione o un cambiamento di vita significativo. Come ti senti? La tua reazione iniziale può rivelare molto su come percepisci le sfide. Alcune persone vedono questi momenti come **opportunità** per crescere e imparare, mentre altre tendono a evitarli, percependoli come ostacoli insormontabili.

Coloro che vedono le sfide come **opportunità** spesso possiedono una mentalità di crescita. Credono che le loro abilità e competenze possano essere sviluppate attraverso l'impegno e l'apprendimento. Questo tipo di mentalità non solo incoraggia l'esplorazione e l'innovazione, ma alimenta anche una maggiore **resilienza** di fronte alle difficoltà. Quando incontrano un problema, invece di farsi sopraffare, si chiedono: "Cosa posso imparare da questa situazione?" o "Come posso migliorare?".

Un esempio pratico può essere quello di un giovane professionista che, di fronte a una nuova sfida lavorativa, decide di affrontarla come un'opportunità per sviluppare nuove competenze. Invece di temere il fallimento, si concentra su ciò che può guadagnare dall'esperienza, migliorando non solo le sue capacità tecniche ma anche la sua **fiducia in se stesso.**

D'altra parte, chi evita le sfide spesso lo fa per paura del fallimento o per mancanza di fiducia nelle proprie capacità. Questo atteggiamento può portare a una stagnazione personale e professionale, poiché si rinuncia a esperienze che potrebbero portare a una **crescita significativa.** La paura di non essere all'altezza può bloccare il progresso, creando un circolo vizioso di insicurezza e procrastinazione.

Per queste persone, è essenziale iniziare a cambiare la narrazione interna. Invece di focalizzarsi su ciò che potrebbe andare storto, possono iniziare a chiedersi: "Qual è il peggio che può accadere?" e "Come posso prepararmi al meglio?". Questo semplice cambiamento di prospettiva può trasformare l'ansia in **motivazione**, permettendo di affrontare le sfide con maggiore coraggio e determinazione.

Un altro aspetto importante è il supporto sociale. Circondarsi di persone che incoraggiano e sostengono può fare una grande differenza. Un amico o un mentore che crede in te può aiutarti a vedere le sfide sotto una luce più positiva, spingendoti a uscire dalla tua zona di comfort e a esplorare nuove possibilità.

In conclusione, la differenza tra chi vede le sfide come opportunità e chi le evita sta principalmente nella **mentalità** e nell'approccio. Coltivare una mentalità di crescita, cercare il supporto giusto e cambiare la narrazione interna sono passi fondamentali per trasformare le sfide in trampolini di lancio verso il successo e il benessere personale. Ricorda, le sfide non sono altro che **opportunità camuffate**, pronte a essere scoperte e sfruttate.

2.3-Sviluppare resilienza di fronte agli ostacoli.

Quando ci troviamo di fronte a ostacoli, la nostra reazione naturale può essere quella di sentirci sopraffatti o scoraggiati. Tuttavia, è proprio in questi momenti che la **resilienza** diventa fondamentale. La resilienza non è solo la capacità di resistere alle avversità, ma anche di **crescere e imparare** da esse. Immagina di essere un albero durante una tempesta: il vento può piegarti, ma le tue radici profonde ti mantengono saldo e, alla fine, esci più forte.

Per sviluppare una resilienza autentica, è essenziale **cambiare la percezione** degli ostacoli. Piuttosto che vederli come muri insormontabili, considerali come **opportunità** per crescere. Ogni sfida può insegnarti qualcosa di nuovo su te stesso e sul mondo che ti circonda. Ad esempio, una difficoltà lavorativa può spingerti a migliorare le tue competenze o a esplorare nuovi percorsi professionali.

Un altro aspetto cruciale della resilienza è la **flessibilità mentale.** Questo significa essere aperti a cambiare prospettiva e a trovare soluzioni creative. Quando un piano non funziona, non insistere su di esso; invece, chiediti: "Quali altre opzioni ho?" Questa mentalità aperta ti permetterà di affrontare le sfide con maggiore serenità e determinazione.

Non dimenticare l'importanza del **supporto sociale.** Nessuno è un'isola, e avere una rete di amici, familiari o colleghi su cui contare può fare una grande differenza. Condividere le tue esperienze e ascoltare quelle degli altri non solo ti offre nuove prospettive, ma ti ricorda anche che non sei solo nelle tue lotte. A volte, un semplice confronto può portare a soluzioni inaspettate.

Infine, coltiva una **mentalità di crescita**. Questo concetto, introdotto dalla psicologa Carol Dweck, si basa sulla convinzione che le tue capacità e intelligenze possono essere sviluppate attraverso l'impegno e la dedizione. Quando affronti un ostacolo, chiediti: "Cosa posso imparare da questa esperienza?" Adottare questa mentalità ti aiuta a vedere le difficoltà come una parte naturale del tuo percorso di crescita personale.

Ricorda, la resilienza non si costruisce dall'oggi al domani. È un processo continuo che richiede **pazienza e pratica**. Ogni piccolo passo che compi verso una maggiore resilienza ti avvicina a una vita più equilibrata e soddisfacente. E quando ti troverai di fronte a nuove sfide, saprai di avere gli strumenti necessari per affrontarle con coraggio e determinazione.

CAPITOLO 3: Migliorare l'Autostima per una Vita più appagante

Immagina di camminare su un sentiero di montagna. Ogni passo che fai, ti avvicina alla cima, ma a volte il terreno è irregolare e potresti inciampare. La **vita** è simile, e la tua **autostima** è quel bastone che ti aiuta a mantenere l'equilibrio. Quando la tua autostima è forte, affronti le sfide con più sicurezza. Ma come si costruisce questa forza interiore?

Inizia con piccoli passi. Ogni giorno, prendi nota di un successo, per quanto piccolo. Questi sono i mattoni della tua **fiducia**. Ricorda, non sei solo in questo viaggio. Anche i più grandi alpinisti hanno iniziato con un passo alla volta. Circondati di persone che credono in te, che ti sostengono quando il sentiero diventa ripido.

Infine, abbraccia i tuoi difetti. Sono parte di ciò che ti rende unico. Accettarli non significa arrendersi, ma riconoscere che sei un'opera in continua evoluzione. Con il tempo, ti accorgerai che la **vetta** è più vicina di quanto pensassi.

3.1-Come costruire la fiducia in te stesso

Immagina di essere di fronte a uno specchio. Cosa vedi? Spesso, la nostra percezione di noi stessi è offuscata da giudizi severi e critiche interiori. Ma **costruire la fiducia in te stesso** significa guardare quel riflesso con occhi nuovi, riconoscendo il tuo valore intrinseco e le tue potenzialità. Inizia con un semplice passo: accetta chi sei, con tutte le tue imperfezioni.

La fiducia in se stessi non è un dono innato, ma una **competenza che si può sviluppare**. Ogni giorno offre un'opportunità per allenare questa abilità. Considera le tue esperienze passate: ci sono momenti in cui hai superato ostacoli o hai raggiunto obiettivi che sembravano impossibili? Questi successi, piccoli o grandi che siano, sono la prova tangibile delle tue capacità. **Riconoscere e celebrare i tuoi successi** è fondamentale per costruire una solida base di autostima.

Un altro passo cruciale è **cambiare il dialogo interiore**. Spesso, siamo i nostri critici più severi. Prova a trasformare le critiche in affermazioni positive. Ad esempio, invece di pensare "Non sono abbastanza bravo", prova a dirti "Sto facendo del mio meglio e sto migliorando ogni giorno". Questo semplice cambiamento di prospettiva può avere un impatto profondo sulla tua autostima.

Inoltre, circondati di persone che ti sostengono e ti ispirano. Le relazioni positive possono fungere da specchio, riflettendo una versione più positiva e autentica di te stesso. **Condividere le tue esperienze** con chi ti comprende e ti supporta può aiutarti a vedere i tuoi punti di forza sotto una nuova luce.

Non dimenticare l'importanza di **prenderti cura di te stesso**. Praticare la mindfulness, dedicare del tempo a hobby che ti appassionano e mantenere uno stile di vita sano sono tutti elementi che possono rafforzare la tua fiducia. Quando il tuo corpo e la tua mente sono in equilibrio, affrontare le sfide diventa più facile.

Infine, ricorda che la fiducia in se stessi è un viaggio, non una destinazione. Ci saranno giorni in cui ti sentirai invincibile e altri in cui dubiterai di te stesso. È normale. L'importante è continuare a camminare, passo dopo passo, verso una maggiore consapevolezza e accettazione di te stesso. **Ogni piccolo progresso conta**, e ogni giorno è un'opportunità per crescere.

In questo viaggio, non sei solo. Siamo tutti in cammino verso una versione migliore di noi stessi. Abbraccia il processo, sii gentile con te stesso e ricorda che la fiducia è un muscolo che si rafforza con l'esercizio costante e l'amore per se stessi.

3.2-Impara a riconoscere i tuoi progressi.

Immagina di essere in un viaggio, uno di quelli che ti portano a scoprire nuovi orizzonti e a superare ostacoli che sembravano insormontabili. Ogni passo che fai, anche il più piccolo, è un **traguardo** verso la tua meta. Ecco perché è fondamentale imparare a riconoscere i tuoi progressi. Non importa quanto insignificanti possano sembrare, ogni passo avanti è un segnale di crescita, un segnale che ti stai muovendo nella direzione giusta.

Spesso, siamo talmente concentrati su ciò che non abbiamo ancora raggiunto che dimentichiamo di celebrare ciò che abbiamo già ottenuto. Questo atteggiamento può portarci a una spirale di insoddisfazione e frustrazione. Invece, fermati un momento e guarda indietro. Osserva il percorso che hai già fatto. Ogni difficoltà superata, ogni paura affrontata, è una **vittoria** che merita di essere riconosciuta.

Prova a pensare a un momento recente in cui hai affrontato una sfida personale. Forse era un progetto lavorativo che ti sembrava impossibile da completare, o una conversazione difficile che hai finalmente avuto il coraggio di affrontare. Questi momenti sono **testimonianze** della tua forza e determinazione. Riconoscerli non solo ti dà la possibilità di apprezzare te stesso, ma ti fornisce anche la **motivazione** per continuare a spingerti oltre i tuoi limiti.

Un modo efficace per tenere traccia dei tuoi progressi è tenere un diario. Scrivi regolarmente dei tuoi successi, grandi o piccoli che siano. Questo ti aiuterà a vedere quanto lontano sei arrivato e ti ricorderà che sei capace di **realizzare** molto più di quanto pensi. Inoltre, rileggere le tue esperienze passate può darti la forza di affrontare nuove sfide con una prospettiva più positiva.

Ricorda, la crescita personale non è una gara contro il tempo o contro gli altri. È un **viaggio** che richiede pazienza e auto-compassione. Ogni persona ha il proprio ritmo e le proprie esperienze uniche. Compararti con gli altri può sminuire i tuoi successi e farti perdere di vista ciò che è veramente importante: il tuo **benessere** mentale ed emotivo.

Se mai ti senti scoraggiato, pensa a tutte le volte in cui hai superato le tue aspettative. Permettiti di essere orgoglioso di te stesso. Celebrare i tuoi progressi non significa accontentarsi; significa riconoscere il tuo valore e alimentare la tua **autostima**. È un atto di amore verso te stesso che ti prepara per i successi futuri.

Quindi, la prossima volta che raggiungi un obiettivo, piccolo o grande che sia, prenditi un momento per festeggiare. Può essere un gesto semplice, come concederti un pomeriggio di relax, o qualcosa di più significativo, come condividere il tuo successo con qualcuno a cui tieni. Qualunque sia il modo in cui scegli di farlo, ricorda che ogni passo avanti è un **motivo** per sorridere e andare avanti con fiducia.

3.3-Strategie pratiche per la fiducia

Quando pensiamo alla **fiducia in noi stessi**, spesso ci immaginiamo una qualità innata, qualcosa che alcuni possiedono e altri no. Ma la verità è che la fiducia è una **abilità** che può essere coltivata e rafforzata con il tempo e l'impegno. Immagina la fiducia come un muscolo: più la alleni, più diventa forte.

Per iniziare, è essenziale **riconoscere** e celebrare i tuoi successi, anche quelli piccoli. Troppo spesso, ci concentriamo su ciò che non abbiamo fatto o su ciò che avremmo potuto fare meglio, dimenticando i progressi che abbiamo già compiuto. Prendi l'abitudine di tenere un diario in cui annoti almeno tre cose che hai fatto bene ogni giorno. Questo semplice esercizio può trasformare il tuo modo di vedere te stesso e aumentare la tua fiducia.

Un altro passo cruciale è **sfidare** le tue convinzioni autolimitanti. Questi sono quei pensieri che ti dicono che non sei abbastanza bravo, che non meriti il successo o che non sei capace di cambiare. Quando ti trovi a pensare in questo modo, fermati e chiediti: "È davvero vero?" Spesso scoprirai che queste convinzioni non sono basate su fatti, ma su paure o esperienze passate. Sostituisci questi pensieri con affermazioni positive e realistiche.

La pratica della **visualizzazione** è un altro strumento potente. Prenditi qualche minuto ogni giorno per immaginare te stesso mentre raggiungi i tuoi obiettivi con successo. Sentiti immerso nei dettagli: come ti senti, cosa vedi, chi è con te.

Questa pratica non solo rafforza la tua fiducia, ma prepara anche la tua mente a riconoscere le opportunità quando si presentano.

Non dimenticare l'importanza del **linguaggio del corpo**. Il modo in cui ti presenti può influenzare il modo in cui ti senti. Mantieni una postura eretta, fai contatto visivo e sorridi. Questi semplici gesti possono farti sentire più sicuro e, di conseguenza, influenzare positivamente il modo in cui gli altri ti percepiscono.

Infine, circondati di persone **positive** e di supporto. Gli individui con cui trascorri il tuo tempo possono avere un grande impatto sulla tua autostima. Cerca di costruire relazioni con persone che ti incoraggiano e ti ispirano a essere la tua versione migliore. Ricorda, la fiducia in se stessi non è solo una questione di mentalità, ma anche di ambiente.

In conclusione, la fiducia è un viaggio, non una destinazione. Con pazienza e dedizione, puoi costruire una base solida di autostima che ti sosterrà in ogni aspetto della tua vita. Ogni passo che fai verso una maggiore fiducia è un passo verso una vita più soddisfacente e appagante.

CAPITOLO 4: Gestire lo Stress e Coltivare il Benessere Mentale

Immagina la tua mente come un giardino. Ogni pensiero è un seme; alcuni crescono in fiori splendidi, altri in erbacce che soffocano la bellezza. Per **gestire lo stress**, è fondamentale scegliere quali semi coltivare. Inizia la giornata con un momento di **consapevolezza**: respira profondamente, concentrati su ciò che ti circonda e lascia che la tua mente si calmi. Questo semplice atto può trasformare il caos in serenità.

Un altro strumento potente è il **dialogo interiore positivo**. Quando ti trovi di fronte a una sfida, chiediti: "Qual è la cosa migliore che posso fare in questa situazione?" Invece di lasciarti sopraffare, cerca soluzioni e opportunità di crescita. Ricorda, ogni esperienza è una lezione.

Infine, non sottovalutare il potere delle **relazioni**. Condividere i tuoi pensieri con una persona fidata può portare chiarezza e sollievo. Le connessioni autentiche sono il terreno fertile su cui fiorisce il benessere mentale.

4.1-Come riconoscere le fonti di stress.

Spesso, quando ci troviamo sopraffatti dal peso delle responsabilità quotidiane, ci chiediamo da dove provenga tutto questo **stress**. Riconoscere le fonti di stress è il primo passo verso una **gestione efficace** e un benessere mentale duraturo. Immagina di essere un detective della tua mente, pronto a scoprire i piccoli indizi che indicano le cause del tuo disagio.

Inizia con un semplice esercizio di **consapevolezza**. Chiudi gli occhi per un momento e ascolta il tuo corpo. Ci sono tensioni? Dove si accumulano? La tensione fisica è spesso un segnale che qualcosa nella tua vita sta creando stress. Forse è il lavoro, con le sue scadenze incessanti, o le relazioni personali che richiedono più energia di quanto tu possa dare. Identificare queste aree di tensione è il primo passo per affrontarle.

Un'altra fonte comune di stress è la **mancanza di tempo**. Viviamo in un mondo che sembra muoversi a una velocità vertiginosa, e spesso ci sentiamo come se non avessimo abbastanza ore in un giorno per completare tutto ciò che è necessario. Questo senso di urgenza costante può portare a sentimenti di inadeguatezza e frustrazione. Chiediti: stai cercando di fare troppo in una sola volta? Forse è il momento di **prioritizzare** e delegare alcune responsabilità.

Le aspettative, sia quelle che ci imponiamo che quelle degli altri, sono un'altra fonte di stress. La pressione di essere perfetti, di avere successo in ogni ambito della vita, può essere schiacciante. È importante ricordare che nessuno è perfetto e che è umano commettere errori. Permettiti di essere imperfetto e accetta che va bene non avere tutto sotto controllo.

Infine, considera l'impatto delle tue **relazioni** personali. Le interazioni con gli altri possono essere una fonte di grande gioia, ma anche di stress significativo. Conflitti non risolti, mancanza di comunicazione o aspettative non realistiche possono creare tensioni. Riflettere su queste relazioni e cercare modi per migliorarle può ridurre notevolmente il tuo stress.

Riconoscere queste fonti è essenziale, ma non fermarti qui. Usa queste informazioni per **trasformare** il tuo approccio alla vita quotidiana. Ricorda, il cambiamento inizia con la consapevolezza. Sei già sulla strada giusta per una vita più equilibrata e serena.

4.2-Pratiche quotidiane di mindfulness.

La **mindfulness** è un'arte che può trasformare le nostre giornate, aiutandoci a vivere con maggiore consapevolezza e serenità. Immagina di cominciare la tua giornata con un momento di quiete, un respiro profondo che ti connette con il presente. Questo semplice atto può fare la differenza, permettendoti di affrontare le sfide quotidiane con una mente più chiara e un cuore più aperto.

Un modo efficace per integrare la mindfulness nella tua routine è attraverso la **pratica della gratitudine**. Ogni mattina, prima di iniziare le tue attività, prendi un momento per riflettere su tre cose per cui sei grato. Possono essere piccole cose, come il calore del sole sulla tua pelle o il sorriso di un amico. Questo semplice esercizio può aiutarti a coltivare una mentalità positiva e a focalizzarti sugli aspetti positivi della tua vita.

Durante la giornata, prova a praticare la **consapevolezza del respiro**. Quando ti senti sopraffatto o stressato, fermati un attimo e concentrati sul tuo respiro. Inspira profondamente, contando fino a quattro, trattieni il respiro per un momento, poi espira lentamente, contando fino a sei. Ripeti questo ciclo per alcuni minuti, permettendo alla tua mente di rilassarsi e al tuo corpo di ritrovare un equilibrio.

Un'altra pratica utile è quella di essere **consapevoli del corpo**. Spesso, siamo così presi dalle nostre attività che dimentichiamo di ascoltare i segnali che il nostro corpo ci invia. Durante il giorno, prenditi un momento per fare un rapido check-in con il tuo corpo. Chiediti: "Come mi sento fisicamente in questo momento?" Se senti tensione o disagio, prova a rilassare consapevolmente quelle aree, permettendo al tuo corpo di ritrovare un senso di calma.

La mindfulness può essere integrata anche nei pasti quotidiani attraverso la **consapevolezza alimentare**. Quando mangi, prova a farlo con intenzione. Assapora ogni boccone, nota i sapori, le consistenze e gli aromi. Questo non solo ti aiuterà a goderti di più il cibo, ma ti permetterà anche di sviluppare un rapporto più sano con il cibo stesso, evitando di mangiare in modo automatico o per stress.

Infine, concludi la tua giornata con una **pratica di riflessione**. Prima di andare a dormire, dedica qualche minuto a riflettere sulla tua giornata. Cosa è andato bene? Cosa avresti potuto fare diversamente? Questa pratica ti aiuterà a chiudere la giornata con consapevolezza, preparandoti per un sonno ristoratore.

Ricorda, la mindfulness è un viaggio, non una destinazione. Ogni giorno è un'opportunità per praticare e migliorare. Con il tempo, queste pratiche quotidiane diventeranno una parte naturale della tua vita, aiutandoti a vivere con maggiore equilibrio e gioia.

4.3-L'importanza del riposo e della cura di sé.

Immagina la tua mente come un giardino. Ogni pensiero è un seme, e il modo in cui coltivi questo giardino determina la qualità della tua vita. Tuttavia, come ogni giardino, anche la tua mente ha bisogno di **riposo** e **cura di sé** per prosperare. In un mondo che corre veloce, spesso dimentichiamo l'importanza di fermarci e prenderci cura di noi stessi. Ma cosa significa veramente prendersi cura di sé?

La cura di sé non è solo un lusso, ma una **necessità**. È l'atto di dedicare tempo e attenzione al proprio benessere fisico, mentale ed emotivo. Questo può significare diverse cose per persone diverse: per alcuni, potrebbe essere una passeggiata nella natura, per altri, un bagno rilassante o semplicemente qualche minuto di meditazione. L'importante è trovare ciò che funziona per te e integrarlo nella tua routine quotidiana.

Molti di noi sono così abituati a dare priorità agli impegni lavorativi, alle responsabilità familiari e agli obblighi sociali, che trascurano il loro **bisogno di riposo**. Tuttavia, senza un adeguato riposo, non possiamo funzionare al meglio delle nostre capacità. Il riposo non è solo dormire; è anche prendersi delle pause durante la giornata, staccare la spina dai dispositivi tecnologici e concedersi momenti di tranquillità.

Uno dei benefici più importanti del riposo e della cura di sé è la **riduzione dello stress**. Quando ci prendiamo il tempo per noi stessi, riduciamo i livelli di cortisolo, l'ormone dello stress, nel nostro corpo. Questo non solo ci fa sentire meglio, ma ha anche effetti positivi sulla nostra salute fisica, come migliorare la funzione immunitaria e ridurre il rischio di malattie croniche.

Inoltre, la cura di sé aiuta a **migliorare la nostra autostima**. Quando ci prendiamo cura di noi stessi, inviamo un messaggio al nostro subconscio che siamo importanti e che meritiamo amore e attenzione. Questo rafforza la nostra fiducia in noi stessi e ci permette di affrontare le sfide della vita con maggiore resilienza.

Infine, prendersi cura di sé ha un impatto positivo anche sulle **relazioni**. Quando siamo riposati e in pace con noi stessi, diventiamo partner, amici e colleghi migliori. Siamo più pazienti, empatici e presenti, il che arricchisce le nostre interazioni con gli altri.

Quindi, inizia oggi stesso a coltivare il tuo giardino interiore. Dedica del tempo ogni giorno per il **riposo** e la **cura di te stesso**. Ricorda, non è un atto egoistico, ma un investimento nel tuo benessere e nella tua felicità. Solo quando siamo al meglio possiamo dare il meglio di noi agli altri e al mondo che ci circonda.

CAPITOLO 5: Costruire Relazioni Felici e Appaganti.

Immagina di costruire una casa. Le fondamenta sono essenziali, proprio come lo sono per **relazioni felici e appaganti**. Inizia con la **comunicazione**, che è come il cemento che tiene tutto insieme. Parlare apertamente dei propri sentimenti e ascoltare l'altro crea un legame forte e duraturo. Ricorda che ogni relazione è un viaggio, non una destinazione. Non si tratta di evitare i conflitti, ma di affrontarli con **empatia** e comprensione.

Un altro pilastro è la **fiducia**. Questa si costruisce nel tempo, attraverso azioni coerenti e sincere. Essere affidabili e rispettare gli impegni presi rafforza la fiducia reciproca. Non dimenticare l'importanza dei piccoli gesti quotidiani, come un sorriso o un abbraccio, che alimentano l'affetto e l'intimità.

Infine, coltiva la **gratitudine**. Apprezzare le qualità dell'altro e non dare nulla per scontato arricchisce la relazione. Ogni giorno è un'opportunità per crescere insieme, affrontando le sfide con amore e resilienza.

5.1-La comunicazione empatica.

Quando parliamo di **comunicazione empatica**, ci riferiamo a un modo di interagire che va oltre le parole. Si tratta di connettersi con l'altro a un livello più profondo, ascoltando non solo con le orecchie ma anche con il cuore. Immagina una conversazione in cui non solo ascolti ciò che l'altro dice, ma percepisci anche le emozioni dietro le sue parole. Questo è il potere della comunicazione empatica.

Spesso, nelle nostre interazioni quotidiane, ci troviamo a rispondere automaticamente, senza realmente comprendere l'altro. La comunicazione empatica ci invita a **mettere da parte i pregiudizi** e a cercare di vedere il mondo attraverso gli occhi dell'altro. Questo non solo arricchisce le nostre relazioni, ma ci aiuta anche a costruire un ambiente di fiducia e rispetto reciproco.

Un componente fondamentale della comunicazione empatica è l'**ascolto attivo**. Questo significa prestare attenzione non solo alle parole, ma anche al linguaggio del corpo e al tono della voce. Un buon ascoltatore sa quando fare una pausa, quando porre una domanda e quando semplicemente essere presente. Ricorda che ascoltare non è la stessa cosa che aspettare il proprio turno per parlare.

Un altro aspetto cruciale è la capacità di **esprimere empatia**. Questo non vuol dire necessariamente essere d'accordo con l'altro, ma piuttosto riconoscere e validare i suoi sentimenti. Frasi come "Capisco come ti senti" o "Deve essere stato difficile per te" possono fare una grande differenza nel modo in cui l'altro percepisce la nostra attenzione e comprensione.

La comunicazione empatica richiede anche **autenticità**. Essere autentici significa essere sinceri e trasparenti nelle nostre intenzioni e sentimenti. Quando siamo autentici, creiamo uno spazio sicuro per l'altro, dove può sentirsi libero di esprimere se stesso senza paura di giudizio.

Infine, è importante ricordare che la comunicazione empatica è una **strada a doppio senso**. Mentre ci sforziamo di comprendere l'altro, dobbiamo anche essere disposti a condividere i nostri sentimenti e pensieri in modo aperto e onesto. Questo scambio reciproco è ciò che rende le relazioni più profonde e significative.

In conclusione, la comunicazione empatica è un'abilità che si può sviluppare con il tempo e la pratica. Richiede impegno e volontà di aprirsi agli altri, ma i benefici che ne derivano sono incommensurabili. Attraverso l'empatia, possiamo creare connessioni più forti e relazioni più appaganti, migliorando così non solo la nostra vita personale, ma anche quella delle persone intorno a noi.

5.2-Come proteggere il tuo spazio emotivo.

Immagina di essere in una stanza tutta tua, un rifugio sicuro dove puoi rilassarti e ricaricare le tue energie. Questo è il tuo **spazio emotivo**. È un luogo invisibile ma essenziale per la tua salute mentale ed emotiva. Proteggerlo è fondamentale per mantenere il tuo equilibrio e la tua serenità, specialmente in un mondo che sembra richiedere costantemente la nostra attenzione e le nostre energie.

La prima cosa da fare è riconoscere quando il tuo spazio emotivo viene invaso. Potresti sentirti **ansioso, stressato** o semplicemente esausto senza un motivo apparente. Questi sono segnali che indicano che è il momento di riconsiderare come stai gestendo le tue energie emotive. È importante essere consapevoli di questi segnali e non ignorarli.

Un modo efficace per proteggere il tuo spazio emotivo è stabilire dei **confini chiari**. Questo significa dire di no quando necessario e non sentirsi in colpa per averlo fatto. Ricorda che ogni volta che dici "sì" a qualcosa che non vuoi veramente fare, stai dicendo "no" a te stesso. Impara a dire di no con gentilezza ma con fermezza, e vedrai come la tua vita inizierà a cambiare.

Inoltre, cerca di **circondarti di persone positive**. Le persone con cui trascorri il tuo tempo hanno un impatto significativo sul tuo benessere emotivo. Cerca di costruire relazioni che ti sostengano e ti ispirino, e allontanati da quelle che ti drenano. Non è sempre facile, ma è un passo essenziale per costruire un ambiente che nutra il tuo spazio emotivo.

Un'altra strategia potente è **praticare la mindfulness**. Dedica del tempo ogni giorno per connetterti con te stesso, che sia attraverso la meditazione, la scrittura di un diario o semplicemente facendo una passeggiata. Questi momenti di introspezione ti aiuteranno a rimanere radicato e a proteggere il tuo spazio emotivo dalle pressioni esterne.

Infine, ricorda di **prenderti cura di te stesso**. Questo significa fare cose che ti piacciono e che ti fanno sentire bene. Che si tratti di leggere un buon libro, fare sport o cucinare un pasto delizioso, assicurati di includere nella tua routine attività che ti portino gioia e soddisfazione. La cura di sé non è un lusso, ma una necessità per mantenere il tuo spazio emotivo sano e protetto.

Proteggere il tuo spazio emotivo richiede pratica e consapevolezza, ma i benefici che ne derivano sono immensi. Ti sentirai più **calmo, equilibrato** e in controllo della tua vita. Ricorda, meriti di avere uno spazio emotivo che ti supporti e ti nutra. Prenditi cura di esso e vedrai come la tua capacità di affrontare le sfide quotidiane migliorerà notevolmente.

5.3-Imparare a creare e mantenere relazioni.

Immagina di essere in una stanza piena di persone, ognuna con una storia unica da raccontare. Ti guardi intorno e senti un misto di curiosità e timore. Come fai a creare un legame autentico con queste persone? La risposta sta nel comprendere che le **relazioni autentiche** nascono dall'ascolto, dalla comprensione e dalla condivisione.

Quando ci avviciniamo a qualcuno con l'intento genuino di conoscerlo, stiamo già facendo il primo passo verso una **connessione significativa**. Ascoltare attivamente significa non solo sentire le parole dell'altro, ma percepire le emozioni e le intenzioni dietro di esse. Questo tipo di ascolto richiede attenzione e presenza, ma offre in cambio una comprensione più profonda e un legame più forte.

Un altro aspetto fondamentale è la **vulnerabilità**. Spesso ci proteggiamo dietro una corazza, temendo il giudizio o il rifiuto. Tuttavia, essere aperti e onesti riguardo ai propri sentimenti e pensieri può creare uno spazio di fiducia reciproca. La vulnerabilità non è una debolezza, ma piuttosto una porta che apre a una connessione più profonda.

Inoltre, per mantenere relazioni sane, è essenziale coltivare l'**empatia**. Mettersi nei panni degli altri ci permette di vedere il mondo dalla loro prospettiva, riconoscendo le loro sfide e gioie. L'empatia ci aiuta a reagire con comprensione e compassione, rafforzando il legame con l'altra persona.

Non dimentichiamo l'importanza di **comunicare efficacemente**. Esprimere chiaramente i propri pensieri e sentimenti, senza accusare o criticare, facilita la risoluzione dei conflitti e previene malintesi. La comunicazione aperta è la chiave per costruire relazioni durature e soddisfacenti.

Infine, le relazioni richiedono **impegno e tempo**. Come un giardino, devono essere curate e nutrite. Investire tempo nelle relazioni significa essere presenti, condividere esperienze e supportarsi a vicenda nei momenti di bisogno. Ricorda che ogni relazione ha i suoi alti e bassi, ma è attraverso la dedizione che possiamo superare le difficoltà e crescere insieme.

In sintesi, creare e mantenere relazioni significative non è un compito facile, ma è uno degli aspetti più gratificanti della vita. Attraverso l'ascolto, la vulnerabilità, l'empatia, la comunicazione e l'impegno, possiamo costruire legami che arricchiscono la nostra esistenza e ci aiutano a crescere come individui. Ricorda, le relazioni non sono solo ciò che otteniamo, ma anche ciò che siamo disposti a dare.

CAPITOLO 6: Definire Obiettivi Chiari e Realistici.

Immagina di essere in un giardino, circondato da fiori di ogni colore. Ogni fiore rappresenta un **obiettivo** che desideri raggiungere. Perché il giardino fiorisca, è essenziale **definire obiettivi chiari e realistici**. Spesso ci perdiamo nella vastità dei nostri sogni, dimenticando che la chiarezza è la chiave per trasformare l'immaginazione in realtà. Inizia con un piccolo passo: scegli un fiore, un obiettivo specifico. Potrebbe essere migliorare una relazione, apprendere una nuova abilità o semplicemente dedicare più tempo a te stesso. Visualizza questo obiettivo, rendilo concreto, come un fiore che desideri coltivare. Chiediti: è **realistico**? È **raggiungibile** nel tempo che hai a disposizione? Coltiva il tuo giardino con pazienza e cura, sapendo che ogni piccolo progresso è un passo verso una vita più soddisfacente e appagante. Ricorda, la chiarezza degli obiettivi è il nutrimento che permette ai tuoi sogni di crescere forti e rigogliosi.

6.1-Impara a stabilire obiettivi SMART.

Stabilire obiettivi è una delle **abilità fondamentali** per chiunque desideri migliorare la propria vita. Tuttavia, non tutti gli obiettivi sono creati uguali. Qui entra in gioco il concetto di obiettivi SMART: **Specifici, Misurabili, Achievable (Raggiungibili), Rilevanti e Temporizzati**. Vediamo insieme come puoi utilizzare questo potente strumento per trasformare i tuoi sogni in realtà.

Specifici: Un obiettivo specifico è chiaro e ben definito. Immagina di voler migliorare la tua salute. Un obiettivo vago sarebbe "voglio essere più sano", mentre un obiettivo specifico potrebbe essere "voglio perdere 5 chili in tre mesi". Più il tuo obiettivo è chiaro, più sarà facile capire come raggiungerlo.

Misurabili: La misurabilità ti permette di **monitorare i tuoi progressi** e sapere quando hai raggiunto il tuo obiettivo. Nel nostro esempio, perdere 5 chili è un obiettivo misurabile perché puoi facilmente controllare il tuo peso nel tempo. Avere un criterio di misurazione ti aiuta a mantenere alta la motivazione e a fare aggiustamenti se necessario.

Achievable (Raggiungibili): Gli obiettivi devono essere realistici e fattibili. Se punti troppo in alto, rischi di scoraggiarti. Considera le tue risorse e il tuo tempo disponibile. Se il tuo obiettivo è correre una maratona, ma non hai mai corso prima, potresti iniziare con l'obiettivo di correre 5 chilometri. Ricorda, un piccolo passo nella giusta direzione è sempre un progresso.

Rilevanti: Un obiettivo rilevante è allineato con le tue **priorità personali** e i tuoi valori. Chiediti perché questo obiettivo è importante per te. Ad esempio, se vuoi migliorare la tua salute per avere più energia e goderti di più la vita con la tua famiglia, questo sarà un potente motivatore. Assicurati che i tuoi obiettivi siano significativi per te e non imposti da qualcun altro.

Temporizzati: Infine, gli obiettivi devono avere una scadenza. Questo ti dà un senso di urgenza e ti aiuta a evitare la procrastinazione. Nel nostro esempio, perdere 5 chili in tre mesi ti fornisce un chiaro limite di tempo. Senza una scadenza, è facile rimandare all'infinito.

Adottare il metodo SMART per stabilire i tuoi obiettivi ti aiuterà a **concentrarti** su ciò che è veramente importante e a creare un piano d'azione efficace. Ricorda, la crescita personale è un viaggio, e ogni obiettivo raggiunto è un passo avanti verso la versione migliore di te stesso. Non avere paura di rivedere e adattare i tuoi obiettivi man mano che cresci e cambi. La flessibilità è una parte fondamentale del processo di crescita. Sei pronto a iniziare? Il momento migliore per farlo è adesso!

6.2-Superare la procrastinazione.

La procrastinazione è un fenomeno che molti di noi conoscono fin troppo bene. Quel momento in cui ci troviamo a rimandare un compito importante, scegliendo invece di fare qualsiasi altra cosa, anche le attività meno rilevanti. Ma perché accade? E, soprattutto, come possiamo superarla?

Prima di tutto, è fondamentale riconoscere che la procrastinazione non è semplicemente pigrizia. È spesso radicata in **paure e insicurezze** che ci trattengono. Forse temiamo il fallimento, o forse ci sentiamo sopraffatti dalla grandezza del compito. Identificare la radice del problema è il primo passo per affrontarlo.

Un metodo efficace per combattere la procrastinazione è suddividere il compito in **piccoli passi gestibili**. Quando un obiettivo appare troppo grande, può diventare intimidatorio. Invece, se lo scomponiamo in azioni più piccole, diventa più facile iniziare. Ad esempio, se devi scrivere un rapporto, inizia con la ricerca, poi passa alla stesura di una bozza, e così via.

Un altro strumento potente è la **tecnica del pomodoro**. Questa tecnica prevede di lavorare per 25 minuti ininterrotti, seguiti da una pausa di 5 minuti. Questo approccio non solo aiuta a mantenere la concentrazione, ma trasforma anche il lavoro in sessioni brevi e gestibili, riducendo la sensazione di sopraffazione.

È anche utile creare un **ambiente di lavoro favorevole**. Elimina le distrazioni e assicurati che lo spazio intorno a te sia organizzato e stimolante. A volte, un semplice cambiamento di ambiente può fare una grande differenza nella nostra capacità di concentrarci.

Non dimenticare l'importanza di **ricompensarti** per i progressi fatti. Ogni piccolo passo avanti merita di essere celebrato. Questo non solo ti motiverà a continuare, ma rafforzerà anche l'abitudine di portare a termine i compiti.

Infine, ricorda che **nessuno è perfetto**. È normale avere giorni in cui le cose non vanno come previsto. La chiave è essere gentili con se stessi e non lasciare che un piccolo inciampo diventi una scusa per rinunciare del tutto.

Superare la procrastinazione richiede tempo e pratica, ma con pazienza e determinazione, è possibile trasformare quelle abitudini che ci trattengono in **azioni positive** che ci spingono verso il successo. Ricorda, ogni passo che fai verso il completamento di un compito è un passo verso la tua crescita personale e professionale.

6.3-Come valutare i progressi.

Valutare i propri progressi può sembrare un compito arduo, ma è fondamentale per il nostro percorso di **crescita personale.** Immagina di essere un giardiniere che si prende cura di un piccolo seme. All'inizio, potrebbe sembrare che non accada nulla. Tuttavia, con il tempo e la giusta attenzione, quel seme si trasformerà in una pianta rigogliosa. Allo stesso modo, i tuoi progressi potrebbero non essere immediatamente visibili, ma con pazienza e dedizione, diventeranno evidenti.

Un modo efficace per valutare i tuoi progressi è riflettere su come ti senti rispetto alle situazioni che una volta ti mettevano in difficoltà. Chiediti: "Come reagisco ora rispetto a prima?" Se noti che affronti le sfide con maggiore calma e sicurezza, è un chiaro segnale di crescita. Ricorda che anche piccoli cambiamenti nei tuoi comportamenti quotidiani possono rappresentare **grandi passi avanti.**

Un altro strumento utile è mantenere un diario dei tuoi pensieri e delle tue emozioni. Scrivere regolarmente ti permette di osservare i tuoi schemi di pensiero e di identificare i momenti in cui hai fatto progressi significativi. Rileggere le tue annotazioni può darti una prospettiva su quanto sei cambiato e su quanto sei cresciuto. Ogni passo avanti, per quanto piccolo, è un **motivo di celebrazione.**

Condividere i tuoi obiettivi e i tuoi progressi con una persona fidata può essere incredibilmente motivante. Avere qualcuno che ti supporta e ti incoraggia ti aiuterà a mantenere alta la motivazione. Inoltre, ricevere feedback esterni ti offre una prospettiva diversa e può aiutarti a riconoscere aspetti della tua crescita che potresti aver trascurato.

Infine, non sottovalutare il potere della visualizzazione. Dedica del tempo a immaginare il tuo futuro io, la persona che desideri diventare. Confronta questa visione con chi sei oggi e nota le differenze. Questo esercizio ti aiuterà a identificare le aree in cui hai già fatto progressi e quelle su cui vuoi continuare a lavorare. La visualizzazione non solo ti motiva, ma ti fornisce anche una chiara direzione per il tuo **percorso di crescita**.

Ricorda, valutare i tuoi progressi non significa giudicarti duramente. È un'opportunità per essere gentile con te stesso e riconoscere il tuo impegno e la tua dedizione. Ogni passo che fai ti avvicina sempre di più alla versione migliore di te stesso. Continua a coltivare il tuo giardino interiore, e presto vedrai i frutti del tuo lavoro.

CAPITOLO 7: Il Potere della Gratitudine nella Crescita Personale.

Immagina di svegliarti ogni mattina con un **sorriso** sul volto, pronto ad affrontare la giornata con un cuore pieno di **gratitudine**. Questo semplice atto può trasformare la tua vita in modi che forse non hai mai immaginato. Quando ci concentriamo su ciò che abbiamo, piuttosto che su ciò che ci manca, iniziamo a vedere il mondo con occhi diversi. La gratitudine è come una **lente magica** che mette in risalto i colori della nostra esistenza, rendendo ogni esperienza più **significativa** e **appagante**.

Ricordo una volta in cui mi sentivo sopraffatta dalle sfide della vita. Un amico mi suggerì di tenere un diario della gratitudine. Ogni sera, scrivevo tre cose per cui ero grata. In poco tempo, mi accorsi di come la mia **prospettiva** cambiava: le difficoltà sembravano meno insormontabili e le piccole gioie più **preziose**. La gratitudine non cambia le circostanze, ma cambia noi stessi, rendendoci più **resilienti** e aperti alle opportunità.

7.1-Come la gratitudine trasforma il tuo stato mentale.

Immagina di svegliarti ogni mattina con una sensazione di **gratitudine** nel cuore. Nonostante le sfide che la vita ti presenta, un semplice atto di riconoscimento per ciò che hai può trasformare radicalmente il tuo stato mentale. La gratitudine non è solo un'emozione; è uno strumento potente che può migliorare la tua vita in modi che forse non hai mai considerato.

Quando pratichi la gratitudine, inizi a **vedere il mondo con occhi diversi.** Le piccole cose che una volta davi per scontate diventano fonti di gioia e apprezzamento. Questo cambiamento di prospettiva può avere un impatto significativo sul tuo benessere emotivo. Studi hanno dimostrato che le persone che coltivano la gratitudine tendono ad essere più felici, meno stressate e più resilienti di fronte alle avversità.

Un modo semplice per incorporare la gratitudine nella tua vita quotidiana è tenere un **diario della gratitudine.** Ogni sera, prenditi qualche minuto per annotare tre cose per cui sei grato. Possono essere eventi significativi o semplicemente momenti di bellezza che hai notato durante la giornata. Questo esercizio ti aiuta a focalizzarti sugli aspetti positivi della tua vita, anche quando le cose sembrano difficili.

La gratitudine ha anche il potere di **migliorare le tue relazioni.** Quando esprimi apprezzamento verso gli altri, rafforzi i legami e crei un ambiente più positivo intorno a te. Le persone si sentono valorizzate e sono più propense a restituire il gesto, creando un ciclo di positività che arricchisce le interazioni quotidiane.

Inoltre, praticare la gratitudine può aiutarti a **gestire lo stress**. Nei momenti di tensione, fermati un attimo e pensa a qualcosa per cui sei grato. Questo semplice atto può ridurre l'ansia e riportarti a uno stato di calma. La gratitudine ti ricorda che, nonostante le difficoltà, ci sono sempre aspetti della vita che meritano di essere celebrati.

Infine, la gratitudine ti aiuta a **costruire una mentalità di abbondanza**. Invece di concentrarti su ciò che manca, inizi a vedere tutto ciò che hai già. Questo cambiamento di mentalità può aprire la porta a nuove opportunità e successi, poiché diventi più aperto e ricettivo alle possibilità che la vita ti offre.

Inizia oggi a coltivare la gratitudine nella tua vita. Non importa quanto piccole possano sembrare le cose per cui sei grato; ogni atto di apprezzamento contribuisce a creare una mentalità positiva e un benessere duraturo. Ricorda, la gratitudine non è solo un sentimento, ma una pratica quotidiana che può trasformare la tua vita in modi straordinari.

7.2-Pratiche quotidiane di gratitudine.

Quando ci svegliamo al mattino, la nostra mente è come una tela bianca, pronta a essere dipinta con i pensieri e le emozioni del giorno. Un modo potente per iniziare la giornata è attraverso la pratica della **gratitudine**. Fermati un momento e pensa a tre cose per cui sei grato. Possono essere cose semplici, come il calore del sole sulla pelle o il sorriso di un amico. Questo semplice esercizio può cambiare il tuo stato d'animo e impostare un tono positivo per il resto della giornata.

La gratitudine non è solo un sentimento, è una **pratica** che può essere coltivata. Prova a tenere un diario della gratitudine. Ogni sera, prima di andare a dormire, scrivi tre cose che ti hanno portato gioia o per cui ti senti grato. Questo ti aiuterà a focalizzarti sugli aspetti positivi della tua vita, riducendo lo stress e migliorando il tuo benessere emotivo.

Inoltre, condividere la gratitudine con gli altri può rafforzare le tue relazioni. Prenditi il tempo per esprimere la tua gratitudine a una persona cara. Un semplice "grazie" può avere un impatto profondo e migliorare la connessione tra voi. Ricorda, la gratitudine è un atto di amore che si riflette indietro su di te.

Infine, quando incontri una sfida, cerca di trovare qualcosa di positivo in essa. Anche le esperienze difficili possono insegnarci qualcosa di prezioso. Abbraccia la gratitudine come un modo per trasformare il tuo modo di vedere il mondo e scoprirai che la tua vita diventa più ricca e significativa.

7.3-Come ringraziare anche nelle difficoltà.

Quando ci troviamo di fronte a momenti difficili, è naturale sentirsi sopraffatti e scoraggiati. Tuttavia, è proprio in queste circostanze che la pratica della **gratitudine** può diventare un potente alleato. Ringraziare anche nelle difficoltà non significa ignorare i problemi, ma piuttosto riconoscere e apprezzare le piccole cose che spesso diamo per scontate.

Immagina di affrontare una giornata particolarmente stressante al lavoro. Invece di focalizzarti esclusivamente sulle sfide, prova a dedicare qualche minuto a riflettere su ciò che è andato bene. Forse un collega ti ha offerto supporto o hai ricevuto un complimento inaspettato. Questi momenti, seppur piccoli, possono avere un impatto significativo sul tuo stato d'animo.

La gratitudine ci aiuta a **spostare il focus** dai problemi alle soluzioni, incoraggiandoci a vedere le opportunità anche nelle avversità. Un modo semplice per coltivare questa abitudine è tenere un diario della gratitudine. Ogni sera, scrivi tre cose per cui sei grato. Possono essere eventi importanti o semplicemente il sorriso di uno sconosciuto.

Praticare la gratitudine non solo migliora il nostro benessere emotivo, ma rafforza anche le nostre **relazioni**. Quando esprimiamo apprezzamento verso gli altri, creiamo un legame più profondo e autentico. Questo non solo ci fa sentire più connessi, ma può anche ispirare chi ci circonda a fare lo stesso.

Ricorda, la gratitudine è una scelta. Anche nei momenti più bui, possiamo trovare una luce da cui trarre forza. Abbracciando questa pratica, non solo miglioriamo la nostra vita, ma anche quella degli altri.

CAPITOLO 8: Superare i Fallimenti e Imparare dalle Sconfitte.

Immagina di camminare su un sentiero sconosciuto, dove ogni passo rappresenta una scelta, un rischio, un'opportunità. La vita è proprio così: un viaggio fatto di **sfide** e **fallimenti**, ma anche di **crescita** e **apprendimento**. Quando affrontiamo una sconfitta, è facile sentirsi persi, come se il sentiero si fosse dissolto sotto i nostri piedi. Tuttavia, è proprio in quei momenti che possiamo scoprire la nostra **resilienza**.

Considera il fallimento non come una fine, ma come un inizio. Ogni errore è un maestro, ogni sconfitta un'opportunità per migliorare. Chiediti: cosa posso imparare da questa esperienza? Come posso trasformare questo ostacolo in un trampolino di lancio verso il successo? Ricorda che anche le persone di maggior successo hanno incontrato battute d'arresto. La differenza sta nel modo in cui hanno scelto di reagire: con **determinazione** e **ottimismo**.

Abbraccia il tuo percorso, con tutte le sue imperfezioni. Ogni passo, anche quello che sembra portarti indietro, è un passo verso la tua **crescita personale**.

8.1-Accettare il fallimento come processo di crescita.

Immagina di camminare su un sentiero di montagna. A volte il terreno è liscio, altre volte roccioso e impervio. Ogni passo, che sia sicuro o incerto, ti avvicina alla vetta. Questo cammino è molto simile al nostro viaggio personale di crescita. Spesso, ci troviamo di fronte a ostacoli che sembrano insormontabili, ma è proprio in questi momenti che possiamo imparare di più su di noi stessi.

Accettare il fallimento come parte del processo di crescita è fondamentale. Non è facile, lo so. Viviamo in una società che celebra il successo e minimizza il fallimento, facendoci credere che cadere sia un segno di debolezza. Ma lascia che ti dica una cosa: ogni grande successo è costruito su una serie di piccoli fallimenti. Ogni volta che inciampi, hai l'opportunità di rialzarti più forte di prima.

Considera il fallimento come un insegnante. Quando qualcosa non va come previsto, chiediti: "Cosa posso imparare da questa esperienza?" Spesso, le lezioni più preziose si nascondono dietro le nostre sconfitte. Forse hai scoperto un modo migliore per affrontare una situazione, o hai acquisito una nuova prospettiva che non avresti mai considerato se tutto fosse andato liscio.

È importante anche **perdonare te stesso** per i tuoi errori. Siamo tutti esseri umani, e sbagliare è parte della nostra natura. Quando ti trovi a criticarti duramente, fermati un momento e pensa a come parleresti a un amico che si trova nella tua stessa situazione. Mostra a te stesso la stessa gentilezza e comprensione.

Infine, ricorda che il fallimento è temporaneo. Non definisce chi sei, ma piuttosto è un momento nel tuo viaggio. Ogni volta che superi un ostacolo, costruisci la tua resilienza. E con ogni passo avanti, ti avvicini a diventare la persona che desideri essere.

Quindi, la prossima volta che affronti un fallimento, affrontalo con coraggio. Sappi che stai facendo progressi, anche se non sempre è evidente. E mentre continui a camminare su quel sentiero di montagna, ricorda che ogni passo, ogni caduta e ogni risalita, ti sta portando sempre più vicino alla tua vetta personale.

8.2-Riprendersi dalle cadute con resilienza.

Immagina di trovarti in cima a una montagna, con il vento che ti sferza il viso e il panorama mozzafiato che si estende davanti a te. Poi, improvvisamente, scivoli e cadi. La caduta è inevitabile, ma è il tuo **atteggiamento** nel rialzarti che definirà il tuo viaggio. Questa è la **resilienza**, la capacità di riprendersi dalle cadute e continuare a camminare verso la vetta.

La vita è piena di ostacoli e cadute, ma ogni caduta offre un'opportunità di **crescita**. Quando inciampi, è facile sentirsi scoraggiati e perdere la fiducia in se stessi. Tuttavia, è proprio in questi momenti che la resilienza diventa la nostra **alleata** più preziosa. La resilienza non è solo la capacità di tornare al punto di partenza, ma di andare oltre, con una **nuova consapevolezza** e forza interiore.

Per coltivare la resilienza, è essenziale **accettare** le nostre emozioni. Spesso, ci sentiamo in dovere di essere sempre forti e positivi, ma riconoscere e accettare la **tristezza**, la **frustrazione** o la **rabbia** è il primo passo per superare le difficoltà. Una volta accettate queste emozioni, possiamo iniziare a lavorare su di esse, trasformandole in **motivazione** per andare avanti.

Un altro aspetto cruciale della resilienza è la capacità di **imparare** dalle esperienze. Ogni caduta porta con sé una lezione preziosa, che ci aiuta a evitare gli stessi errori in futuro. Chiediti: "Cosa posso imparare da questa esperienza? Come posso usare questa lezione per migliorare la mia vita?" Questo tipo di riflessione ti permetterà di crescere e di affrontare le sfide future con maggiore **saggezza**.

Inoltre, non dimenticare l'importanza di avere una **rete di supporto**. Nessuno è un'isola, e avere persone su cui contare può fare una grande differenza nei momenti difficili. Cerca il sostegno di amici, familiari o professionisti che possano offrirti ascolto e consigli. La resilienza non è solo una qualità individuale, ma può essere rafforzata attraverso le **relazioni** con gli altri.

Infine, coltiva una **mentalità di crescita**. Credere che le tue capacità possano essere sviluppate e migliorate ti darà la forza di affrontare le avversità con fiducia. Ogni sfida è un'opportunità per migliorare, e con una mentalità di crescita, sarai in grado di vedere le difficoltà come **possibilità** di apprendimento e trasformazione.

Ricorda, la resilienza è un viaggio, non una destinazione. Ogni passo che fai per rialzarti ti avvicina a una versione più forte e più consapevole di te stesso. Non temere le cadute; abbracciale come parte del tuo cammino verso una vita più **piena** e **significativa**.

CAPITOLO 9;L'Arte della Visualizzazione per il Successo.

Immagina un foglio bianco davanti a te. Non ha forme né colori. È vuoto e pronto a ricevere tutte le tue idee e i tuoi sogni.. Questa visualizzazione è simile a dipingere nella tua mente l'immagine del tuo successo, un processo creativo che ti permette di plasmare il tuo futuro secondo la tua volontà. Visualizza ogni dettaglio del tuo obiettivo finale: i colori vibranti che rappresentano la tua felicità, le forme che simboleggiano le sfide superate e i traguardi raggiunti. Ogni pennellata che applichi sulla tela rappresenta un passo avanti nel tuo percorso. Senti l'energia che scorre mentre inizi a immaginare le emozioni che proverai quando raggiungerai il tuo successo. Potresti sentire un brivido di eccitazione o una calma profonda, e tutti questi sentimenti si intrecciano nel tuo dipinto interiore. Ogni volta che ti concentri su questa immagine, la tua mente inizia a elaborare strategie e idee che ti porteranno più vicino a realizzarla. Le decisioni quotidiane, le azioni che intraprendi e le relazioni che costruisci diventano i colori di questo dipinto. Ricorda che, proprio come in un'opera d'arte, ogni imperfezione può trasformarsi in un'opportunità di crescita e miglioramento. Non avere paura di usare colori audaci o di aggiungere sfumature nuove e inaspettate. La tua tela è un riflesso della tua creatività e della tua determinazione. Ti invito a prendere un momento ogni giorno per tornare a questa visualizzazione, per rinfrescare la tua mente e rinvigorire il tuo spirito. Sii l'artista della tua vita, perché il più grande capolavoro che puoi creare è il tuo stesso successo. Questo esercizio va oltre la semplice immaginazione; è uno strumento potenteper trasformare i tuoi sogni in realtà. Quando visualizzi, crei un'immagine mentale dettagliata di ciò che desideri raggiungere, che si tratti di una carriera soddisfacente, relazioni armoniose o una vita piena di gioia. È come se il tuo cervello stesse già vivendo quell'esperienza, preparandoti a riconoscere e cogliere le opportunità che si presenteranno.

Un giorno, mentre passeggiavo in un parco tranquillo, mi sono fermata a osservare un artista che dipingeva un paesaggio. Ogni pennellata era un passo verso il completamento della sua visione. Allo stesso modo, ogni **visualizzazione** ti avvicina al tuo obiettivo, rendendo il successo non solo possibile, ma inevitabile. Ricorda, la tua mente è il tuo alleato più potente. Usala per dipingere il tuo futuro.

9.1-Il potere della visualizzazione positiva.

Immagina di essere al timone di una nave, navigando attraverso le acque della tua vita. Il potere della **visualizzazione positiva** è come una bussola che ti guida verso la destinazione dei tuoi sogni. Quando ci concentriamo su immagini mentali positive, creiamo una mappa che ci aiuta a intraprendere il viaggio verso il successo e il benessere.

La visualizzazione non è solo un esercizio mentale; è un'arte che combina **intenzione** e **emozione**. Quando visualizzi un obiettivo, devi sentirlo con tutto te stesso. Immagina di voler migliorare la tua carriera: vedi te stesso mentre raggiungi quel traguardo, senti l'entusiasmo e la soddisfazione che ne derivano. Questo non solo ti motiva, ma prepara anche il tuo cervello a riconoscere le opportunità quando si presentano.

Un esempio pratico potrebbe essere quello di dedicare qualche minuto ogni mattina a visualizzare la tua giornata ideale. Inizia trovando un luogo tranquillo dove puoi rilassarti. Chiudi gli occhi e immagina la tua giornata: vedi te stesso affrontare le sfide con fiducia, interagire con gli altri con empatia e raggiungere i tuoi obiettivi con determinazione. Questo esercizio semplice può trasformare il tuo approccio mentale, aiutandoti a iniziare la giornata con una **mentalità positiva** e proattiva.

La chiave è la **coerenza**. Come ogni abilità, la visualizzazione richiede pratica. Non scoraggiarti se all'inizio non senti un immediato cambiamento. Continua a esercitarti, e col tempo noterai come la tua mente si allinea ai tuoi desideri, portandoti verso un maggiore benessere e realizzazione.

Ricorda, la visualizzazione positiva non è una bacchetta magica che risolve tutti i problemi, ma è uno strumento potente che ti aiuta a orientarti nella direzione giusta. Proprio come un atleta si allena per migliorare le sue prestazioni, anche noi possiamo allenare la nostra mente a lavorare a nostro favore. Inizia oggi stesso a creare la tua realtà attraverso la potenza delle immagini mentali positive e osserva come la tua vita inizia a trasformarsi.

In conclusione, abbraccia la visualizzazione come parte integrante del tuo percorso di crescita personale. Lascia che le immagini positive guidino le tue azioni e coltiva la fiducia che il tuo viaggio verso il successo è già iniziato. Con determinazione e pratica, scoprirai che la tua mente è davvero il tuo alleato più potente.

9.2-Strumenti pratici per visualizzare i tuoi sogni.

Immagina di avere una superficie candida di fronte a te. Questa superficie simboleggia il tuo avvenire, e tu hai la capacità di riempirla secondo il tuo desiderio.i. La visualizzazione è uno strumento potente che ti permette di **vedere** i tuoi sogni come se fossero già realtà. Ma come si fa a passare da una semplice immagine mentale a una visione che può trasformare la tua vita?

Inizia con un momento di tranquillità. Trova un posto dove puoi stare da solo, senza distrazioni. Chiudi gli occhi e **respira profondamente**. Immagina il tuo sogno nel dettaglio: cosa vedi, cosa senti, quali emozioni provi? Visualizza ogni aspetto con chiarezza e intensità. Più dettagliata è la tua immagine, più forte sarà il tuo legame con essa.

Una volta che hai una visione chiara, **trasformala** in un rituale quotidiano. Dedica qualche minuto ogni giorno a rivivere questa immagine. Lascia che diventi parte della tua routine, come lavarsi i denti o fare colazione. Con il tempo, questa pratica rafforzerà la tua determinazione e ti avvicinerà ai tuoi obiettivi.

Non dimenticare di **agire**. La visualizzazione è solo il primo passo. Usa l'energia e la motivazione che hai generato per compiere azioni concrete. Chiediti: "Qual è il prossimo passo che posso fare per avvicinarmi al mio sogno?" Anche le azioni più piccole possono avere un grande impatto.

Infine, sii **gentile** con te stesso. La strada verso il successo non è sempre lineare. Ci saranno ostacoli e momenti di dubbio, ma è importante mantenere la fiducia. Ricorda che ogni passo avanti, per quanto piccolo, è un passo verso la realizzazione dei tuoi sogni.

CAPITOLO 10: La Pazienza e la Perseveranza nella Crescita Personale.

Immagina di camminare in un bosco. Ogni passo è un atto di **pazienza** e **perseveranza**. La crescita personale è simile a questo cammino: non sempre si vedono subito i risultati, ma ogni passo conta. La pazienza è quella forza tranquilla che ci permette di continuare anche quando il traguardo sembra lontano. È come piantare un seme e aspettare che germogli, sapendo che il tempo e la cura porteranno frutti.

La perseveranza, invece, è il motore che ci spinge avanti, giorno dopo giorno. È la capacità di rialzarsi dopo una caduta, di affrontare le sfide con un cuore coraggioso. Quando la strada diventa difficile, ricorda che ogni ostacolo è un'opportunità per crescere e imparare. La chiave è **non arrendersi mai**. Mantieni la tua visione, anche quando la strada è tortuosa, e vedrai come la tua vita comincerà a cambiare.

10.1-Coltivare la pazienza nei momenti di incertezza.

In un mondo che ci mette costantemente alla prova con **incertezze** e cambiamenti rapidi, la capacità di coltivare la **pazienza** diventa una risorsa inestimabile. Immagina la pazienza come un giardino che richiede cura e attenzione costante. Non è un dono innato, ma una **abilità** che possiamo sviluppare con il tempo e la pratica.

Quando ci troviamo di fronte a situazioni incerte, il nostro primo istinto è spesso quello di reagire impulsivamente. Tuttavia, è proprio in questi momenti che dobbiamo fare un passo indietro e riflettere. **Respira profondamente** e concediti il tempo di valutare la situazione. Questo semplice atto può fare una grande differenza nel modo in cui affrontiamo le sfide.

Un altro aspetto fondamentale della pazienza è la capacità di **accettare** ciò che non possiamo controllare. Spesso ci troviamo a lottare contro eventi al di fuori del nostro controllo, ma è importante ricordare che non possiamo cambiare tutto ciò che accade intorno a noi. Invece, possiamo scegliere come reagire. Accettare l'incertezza non significa arrendersi, ma piuttosto **adattarsi** e trovare nuovi modi per avanzare.

La pazienza richiede anche la capacità di **vivere nel presente**. Troppo spesso ci perdiamo nei pensieri del passato o nelle preoccupazioni per il futuro, dimenticando di vivere il momento presente. Pratica la **mindfulness**, concentrandoti su ciò che sta accadendo ora. Questo ti aiuterà a ridurre l'ansia e a sviluppare una maggiore resilienza.

Infine, ricorda che la pazienza è un atto di **gentilezza** verso te stesso. Concediti la possibilità di fare errori e imparare da essi. Ogni passo verso la pazienza è un passo verso una vita più equilibrata e soddisfacente. Abbraccia il viaggio, sapendo che ogni momento di incertezza è un'opportunità per crescere e diventare più forte.

10.2-Perseverare di fronte agli ostacoli.

In ogni percorso di crescita personale, ci troviamo inevitabilmente di fronte a **ostacoli** che mettono alla prova la nostra determinazione e forza d'animo. È proprio in questi momenti che la **perseveranza** diventa il nostro alleato più prezioso. Immagina di essere un alpinista, che affronta una montagna imponente. Ogni passo può sembrare faticoso, ma è essenziale per raggiungere la vetta.

Quando ci imbattiamo in difficoltà, è naturale sentirsi scoraggiati. Tuttavia, è importante ricordare che gli ostacoli non sono altro che delle opportunità mascherate. Ogni sfida ci insegna qualcosa di nuovo su noi stessi e ci offre la possibilità di **crescere**. Invece di vederli come barriere insormontabili, proviamo a considerarli come trampolini di lancio verso il nostro successo.

Un aspetto fondamentale della perseveranza è la capacità di mantenere la **focalizzazione** sui nostri obiettivi, anche quando le cose si fanno difficili. È qui che la nostra **mentalità** gioca un ruolo cruciale. Coltivare una mentalità di crescita significa credere che le nostre capacità possano essere sviluppate attraverso l'impegno e la dedizione. Quando affrontiamo un ostacolo, chiediamoci: "Cosa posso imparare da questa esperienza?"

Inoltre, è utile ricordare che non siamo soli nel nostro viaggio. Anche le persone di successo hanno affrontato difficoltà e fallimenti. Ciò che le distingue è la loro capacità di **rialzarsi** e continuare a lottare per i loro sogni. Possiamo trarre inspirazione dalle loro storie e utilizzare le loro esperienze come guida per superare i nostri momenti difficili.

Quando ci sentiamo sopraffatti, è importante fare un passo indietro e **prendersi cura** di noi stessi. La gestione dello stress e il mantenimento di un equilibrio tra lavoro e vita personale sono essenziali per mantenere la nostra energia e motivazione. Praticare la mindfulness, dedicare del tempo a ciò che amiamo e coltivare relazioni positive possono aiutarci a rimanere centrati e resilienti.

In conclusione, la perseveranza non è solo una qualità, ma una scelta consapevole che facciamo ogni giorno. È la decisione di **non arrendersi**, di continuare a lottare per ciò che è importante per noi, anche quando il cammino è difficile. Ricorda, ogni piccolo passo che fai ti avvicina un po' di più ai tuoi sogni. E alla fine, quando guarderai indietro, ti renderai conto che è stata proprio la tua perseveranza a portarti dove sei ora.

10.3-Accettare che i grandi cambiamenti richiedono tempo e pazienza.

Nel nostro viaggio di **crescita personale**, è fondamentale ricordare che i cambiamenti significativi non avvengono dall'oggi al domani. Viviamo in una società che ci spinge a desiderare risultati immediati, ma la verità è che i **grandi cambiamenti** richiedono tempo e pazienza. Immagina di voler coltivare un giardino rigoglioso: non puoi aspettarti di piantare i semi oggi e raccogliere i frutti domani. Ci vuole cura, dedizione e, soprattutto, tempo.

Questa consapevolezza può sembrare scoraggiante all'inizio, ma è anche liberatoria. Ci permette di liberarci dalla pressione di dover **raggiungere tutto subito** e ci offre lo spazio per crescere al nostro ritmo. Ogni passo che facciamo, per quanto piccolo, ci avvicina alla nostra meta. E in questo processo, è essenziale essere gentili con noi stessi. Spesso ci giudichiamo troppo duramente per non aver ancora raggiunto i nostri obiettivi, dimenticando che ogni progresso, per quanto apparentemente insignificante, è un segno di **crescita**.

Riflettiamo su un esempio quotidiano: imparare una nuova lingua. All'inizio, le parole sembrano strane e difficili da ricordare. Ma con costanza e pratica, giorno dopo giorno, quelle stesse parole iniziano a diventare familiari. Un giorno ti rendi conto che stai pensando in quella lingua, senza nemmeno accorgertene. Questo è il potere della **pazienza** e della dedizione.

È importante anche riconoscere e celebrare i piccoli successi lungo il cammino. Ogni traguardo raggiunto, per quanto piccolo, è una pietra miliare che ci avvicina al nostro obiettivo finale. Questi momenti di successo non solo rafforzano la nostra **autostima**, ma ci motivano a continuare il nostro percorso con rinnovata energia.

Infine, ricorda che non sei solo in questo viaggio. Anche se a volte può sembrare che il mondo stia andando avanti mentre tu sei fermo, la verità è che ognuno di noi sta affrontando le proprie sfide. Condividere le tue esperienze con altri può offrire supporto e incoraggiamento reciproco. Le relazioni autentiche si costruiscono anche attraverso la condivisione delle difficoltà e dei successi.

Quindi, mentre continui il tuo percorso di crescita, abbraccia il **processo** e non solo il risultato finale. Concediti il tempo necessario per evolvere e ricorda che ogni passo, per quanto piccolo, è un passo verso una versione migliore di te stesso. La **pazienza** non è solo una virtù, ma una componente essenziale del viaggio verso il cambiamento duraturo.

www.ingramcontent.com/pod-product-compliance
Lightning Source LLC
Chambersburg PA
CBHW061355140726
47997CB00003B/1219